Krafttraining bei chronischen lumbalen Rückenschmerzen. Diagnose und Trainingsplan

Lars Teichert

Bibliografische Information der Deutschen Nationalbibliothek:

Die Deutsche Nationalbibliothek verzeichnet diese Publikation in der Deutschen Nationalbibliografie; detaillierte bibliografische Daten sind im Internet über http://dnb.d-nb.de abrufbar.

ISBN: 9783346287342
Dieses Buch ist auch als E-Book erhältlich.

© GRIN Publishing GmbH
Nymphenburger Straße 86
80636 München

Druck und Bindung: Books on Demand GmbH, Norderstedt Germany
Gedruckt auf säurefreiem Papier aus verantwortungsvollen Quellen

Das vorliegende Werk wurde sorgfältig erarbeitet. Dennoch übernehmen Autoren und Verlag für die Richtigkeit von Angaben, Hinweisen, Links und Ratschlägen sowie eventuelle Druckfehler keine Haftung.

Das Buch bei GRIN: https://www.grin.com/document/923466

Deutsche Hochschule für
Prävention und Gesundheitsmanagement

Einsendeaufgabe

Fachmodul:	Trainingslehre I
Studiengang:	Fitnessökonomie
Datum Präsenzphase:	27.04.2020 – 30.04.2020
Name, Vorname:	Teichert, Lars
Studienort:	**Hamburg**
Semester:	**WS 2019**

Inhaltsverzeichnis

1 Teilaufgabe 1 - Diagnose

1.1 Allgemeine und biometrische Date

Nachfolgend zeigt Tabelle 1 allgemeine Daten zur Testperson.

Tab. 1: Allgemeine Daten der Testperson (eigene Darstellung)

Alter	20
Geschlecht	Männlich
Körpergröße	185 cm
Körpergewicht	86,4 kg
Trainingsmotive	Muskelaufbau, Schmerzreduktion
Berufliche Tätigkeit	Student
Frühere sportliche Aktivitäten	2003 – 2012 Schwimmen auf Vereinsebene 1-mal wöchentlich
	2005 – 2016 Fußball auf Vereinsebene, 2-mal wöchentlich
Aktuelle sportliche Aktivitäten	2017 – 2019 Fitnesstraining an unregelmäßigen Terminen ohne systematische Trainingsplanung
	Seit 2019 Krafttraining 2-3-mal wöchentlich. In regelmäßigen Abständen Wechsel zwischen Kraftausdauer- und Muskelaufbautraining. Ausdauertraining: 1-mal wöchentlich, Dauermethode 20-30 Minuten auf dem Laufband oder Fahrrad
Zeitlicher Verfügungsrahmen	3-mal wöchentlich für jeweils zwei Stunden

Die nachstehende Tabelle zeigt die relevanten biometrischen Daten der Testperson.

Tab. 2: Biometrische Daten der Testperson (eigene Darstellung)

Körperwasseranteil	56,7 %
Körperfettanteil	23,9 %
Muskelmasse	33,2 kg
Blutdruck	Systolischer Blutdruck: 127mmHg / diastolischer Blutdruck: 80mmHg
Allgemeiner Gesundheitszustand	Schmerzen im Nackenbereich und dem unteren Rücken die auf eine Haltungsschwäche (Hypolordose) im unteren Rücken zurückzuführen sind. Der Kunde würde die schmerzen auf einer Skala von eins bis zehn mit einer vier bewerten. Des Weiteren besteht eine gute allgemeine Fitness
Sonstige gesundheitliche Einschränkungen	Es sind keine Einschränkungen vorhanden

1.2 Bewertung des allgemeinen Gesundheitszustandes

Vor dem Eingangsgespräch fand eine orthopädische Untersuchung statt, in welcher eine Haltungsschwäche (Hypolordose) des unteren Rückens diagnostiziert wurde. Aus dieser Haltungsschwäche resultieren Verspannungen der Nacken- und Rückenmuskulatur, welche oftmals zu Schmerzen führen. Als Behandlung sieht der Orthopäde eine physiotherapeutische Behandlung sowie allgemeines und unterstützendes Krafttraining vor. Dazu weist der Kunde keine internistischen Probleme auf und ist nicht in ärztlicher oder unter medikamentöser Behandlung.

1.3 Bewertung des Blutdrucks

Zum Messzeitpunkt lag der Blutdruck des Kunden bei 127/80 mmHg. Im Vergleich dieses Wertes mit den Normwerten der European Society of Cardiology (Williams, et al., 2018, S. 3030), gilt der Blutdruck als normal. Somit können kardiologische Gefahren hinsichtlich des Krafttrainings ausgeschlossen werden. Die nachfolgende Tabelle zeigt die Klassifikationen des Blutdrucks nach Richtlinien der European Society of Cardiology.

Tab. 3: Classification of office blood pressure and definitions of hypertension grade (modifiziert nach European Society of Cardiology, 2018, S. 3030)

	Systolisch (mmHg)	Diastolisch (mmHg)
Optimaler Blutdruck	unter 120 mmHg	unter 80 mmHg
Normaler Blutdruck	120 bis 129 mmHg	80 bis 84 mmHg
Hoch-normaler Blutdruck	130 bis 139 mmHg	85 bis 89 mmHg
Leicht erhöhter Blutdruck (Hypertonie Grad 1)	140 bis 159 mmHg	90 bis 99 mmHg
Mittelschwerer Bluthochdruck (Hypertonie Grad 2)	160 bis 179 mmHg	100 bis 109 mmHg
Schwerer Bluthochdruck	über 180 mmHg	über 110 mmHg

1.4 Kraftmessung mittels Mehrwiederholungskrafttest (X-RM-Test)

1.4.1 Begründung der Auswahl des Testverfahrens

Der Kunde erwähnt im Einführungsgespräch Rückenbeschwerden, die bei der Auswahl des Testverfahrens ein Verwenden des 1-RM-Test ausschließen. Hauptbestandteil des 1-RM-Tests ist die Testung der dynamisch-konzentrischen Maximalkraft, wobei auf den

Kunden hohe mechanische und physische Belastungen wirken. Es muss davon ausgegangen werden, dass der Kunde den 1-RM-Test nicht ohne Probleme bewältigen könnte, daher wird der 1-RM-Tests als kritisch betrachtet.

Um dennoch die Kraftleistung des Kunden zu bestimmen, wird ein Mehrwiederholungskrafttest (X-RM-Test) herangezogen. Bei diesem Krafttest wird das maximal dynamisch-konzentrisch zu bewältigende Gewicht bei einer vorher bestimmten Wiederholungszahl ermittelt. Die Wiederholungzahl wird der im jeweiligen Mesozyklus gewählten Wiederholungszahl gleichgesetzt. Auf den Kunden wirken in diesem Testverfahren vergleichsweise geringere mechanische und physische Belastungen. Folglich ist das Potential einer problematischen Durchführung als geringer anzusehen. Zur Makrozyklusplanung wird die Individuelle-Leistungsbild-Methode (ILB-Methode) angewendet, um die optimale Belastungsintensität zu ermitteln. Die ILB-Methode muss an dieser Stelle den Vorzug vor einer Intensitätsbestimmung über das subjektive Belastungsempfinden erhalten. Sowohl als fortgeschrittener Athlet, wie auch als Trainingseinsteiger ist es schwierig, im Krafttraining eine Belastung subjektiv einzuschätzen. Der X-RM-Test ist im Gegensatz zu den anderen zwei Testverfahren mit weniger Störfaktoren behaftet, wodurch die Kraftleistung des Kunden präziser getestet werden kann.

1.4.2   Detaillierter Testablauf

Der Kunde bevorzugt das Training in seiner Mittagspause zwischen 13:00 Uhr und 15:00 Uhr. Um die Bedingungen im Testverfahren identisch zum Training zu halten, wird das Testverfahren ebenfalls in dieser Zeitspanne terminiert. Durch die identischen Bedingungen können verschiedene Störfaktoren ausgeschlossen oder verringert werden. Die geplanten Tests werden so vergleichbarer gestaltet.

Bevor das eigentliche Testverfahren durchgeführt werden kann, wird das allgemeine Aufwärmen zur Mobilisation des Herz-Kreislauf-Systems, Verletzungsprophylaxe und Erhöhung der Körperkerntemperatur als wichtiger Hauptbestandteil der Vorbereitung durchgeführt. Das allgemeine Aufwärmen besteht aus einer zwölf minütigen Laufeinheit auf dem Laufband bei einer Intensität von 35-50% Hf_{max}. (Tschirner, 2011, S.63).

Im Anschluss folgt ein spezifisches Aufwärmen, welches speziell die lokalen Muskelgruppen und Gelenkstrukturen, die im Testverfahren beansprucht werden, für die folgenden Belastungen aktiviert und stimuliert. Dabei darf bei jeder zu testenden Übung eine Intensität von 50% der voraussichtlichen Maximalleistung nicht überschritten werden.

Darauf folgt das Testverfahren, in dem das maximal konzentrisch bewältigbare Gewicht für zwölf Wiederholungen gemessen wird. Im ersten Testsatz wird ein Einstiegsgewicht auf Basis der Trainings- und Trainererfahrung gewählt. Ist dieses Gewicht in folgenden Testsätzen für die angegebene Wiederholungszahl zu gering oder zu hoch angesetzt wird das Gewicht, je nach subjektivem Belastungsempfinden des Kunden um 5%, 10% oder 25% erhöht oder gesenkt. Zwischen den jeweiligen Testsätzen ist eine Pausenzeit von jeweils drei Minuten zu beachten. Maximal nach dem dritten Testsatz sollte der Kunde ein Testgewicht erreicht haben, mit dem er die zwölfte Wiederholung nur mühsam konzentrisch bewältigen konnte, ohne dabei eine Einbruch der technisch korrekten Ausführung zu tolerieren. Die nachstehende Tabelle zeigt den methodischen Ablauf des Tests.

Tab. 4: Methodischer Ablauf eines Mehrwiederholungskrafttests zur Ermittlung des 12-RM (Testablaufschema nach Zimmer, 1999, S. 45-47)

1.	Schritt	Allgemeines und spezielles Aufwärmen
2.	Schritt	1. Testsatz:
		› Testgewicht Lat-Zug: Frauen 20%, Männer 30% des Körpergewichts
		› Testgewicht Bankdrücken: Frauen 30%, Männer 50% des Körpergewichts
		› Testgewicht Beinpresse: Frauen 100%, Männer 125% des Körpergewichts
3.	Schritt	2. und bei Bedarf 3. Testsatz (nach jeweils 3 Min. Pause): Steigerung der Gewichtslast um 5%, 10% oder 25% je nach subjektivem Belastungsempfinden der Probanden
4.	Schritt	Umsetzung des Testergebnisses in die Trainingsplanung

1.4.3   Darstellung der Testergebnisse

Die Nachfolgende Tabelle zeigt die Testergebnisse des 12-RM-Tests. Die Übungen Funktionscrunch und Hyperextension werden im Test nicht berücksichtigt, da diese ohne Zusatzgewicht erfolgen. Das Testgewicht einiger Übungen wurde bereits im zweiten Testsatz erreicht, weshalb eine dritte Testsatz übersprungen wurde.

Tab. 5 Testergebnisse des 12-RM-Tests des Kunden (eigene Darstellung)

Übungen	Wie-derho-lungen	1. Testsatz	2. Testsatz	3. Testsatz	Ergebnis
Kniebeuge (Langhantel mit Schulterauflage)	12	105 kg	110 kg	/	110 kg
Kabelziehen über Kreuz (Kabelzug)	12	60 kg	65 kg	70 kg	70 kg
Rudern sitzend (Kabelzug)	12	52 kg	57 kg	/	57 kg
Kreuzheben (Langhantel)	12	65 kg	70 kg	72,5 kg	72,5 kg
Adduktion	12	85 kg	90 kg	92,5 kg	92,5 kg
Abduktion	12	82 kg	87,5 kg	/	57 kg
Funktionscrunch	entfällt	entfällt	entfällt	entfällt	entfällt
Hyperextension	entfällt	entfällt	entfällt	entfällt	entfällt

1.4.4 Auswirkungen der Testergebnisse auf die Trainingsplanung

Interindividuelle Leistungsvergleiche sind aufgrund fehlender Referenzwerte nicht möglich. Es wirken unterschiedliche Einflussfaktoren, wie Alter, Geschlecht, Zeitpunkt der Messung und der aktuelle Leistungsstand des Kunden auf die Ergebnisse des X-RM-Tests ein und können diese beeinflussen und pervertieren. Wenn von vornerein die Testabläufe konsequent und exakt standardisiert werden, ist ein intraindividueller Leistungsvergleich möglich. Ein X-RM-Test kann überwiegend als Tool zur Bestimmung der Intensität für die jeweiligen Übungen im Mesozyklus verwendet werden. Die Erhebung der Trainingsintensitäten wird durch die ILB-Methode realisiert. Folglich wird der X-RM-Test vor jedem neuen Mesozyklus durchgeführt, um für den neuen Mesozyklus die richtigen Intensitäten zu eruieren.

2 Teilaufgabe 2 - Zielsetzung/Prognose

Auf die Trainingsziele des Kunden wurde im Eingangsgespräch genauer eingegangen. Größte Priorität wurde hier der Schmerzreduktion beigemessen. Gleichzeitig möchte der Kunde einen Zuwachs von Muskelmasse verwirklichen und zusätzlich überschüssiges Fett verlieren. Das letztgenannte Ziel setzt er mit einer niedrigen Priorität an. In Folge des Eingangsgesprächs wurden die Ziele ausgearbeitet und in der nachfolgenden Tabelle konkretisiert.

Tab. 6 Zielsetzung des Kunden und Prognose der Zielerreichung (eigene Darstellung)

Inhalt	Ist-Werte	Ausmaß	Zeit
Schmerzen in Schulter und unterem Rücken (LWS) verringern	4 Punkte auf einer Skala 1 bis 10 subjektives Empfinden	- 3 Punkte auf einer Skala 1 bis 10 subjektives Empfinden	3 Monate
Muskelmasse erhöhen	33,2 kg	+ 3,5 kg	4 Monate
Fettmasse verringern	23,9 % / 21 kg	- 6 kg (- 6,54%)	5 Monate

2.1 Begründung der Ziele

Der Kunde beschreibt seine Schmerzen im Nackenbereich und dem unteren Rücken. Ursache hierfür ist eine Haltungsschwäche (Hypolordose) im unteren Rücken. Das priorisierte Ziel Schmerzreduktion muss durch einen gezielten Muskelaufbau der beteiligten Strukturen erfolgen. Vorrangige Methode ist das Krafttraining der Muskulatur, die der Haltungsschwäche entgegenwirkt. Mögliche Störfaktoren, die für die Schmerzreduktion zielbeeinträchtigend sein können, werden durch regelmäßige Kontrollen ausgeschlossen. Der Muskelaufbau wird als mittelfristiges Ziel dargestellt. In der Literatur wird das Wachstum der Muskelmasse von Trainingshäufigkeit, -organisation, -intensität und Anzahl an Trainingsjahren abhängig gemacht. In einem Beispiel wird bei einem Trainingsanfänger nach einem Jahr intensivem Krafttraining eine Volumenzunahme des Oberarms von ca. 25%, beziehungsweise 4-5 cm Umfangszunahme gemessen. Es ist festzuhalten, dass durch eine intensive Trainingsperiode von einem Jahr ein Muskelmassenzuwachs zu verzeichnen sein kann (Gottlob, 2020, S. 4). Demzufolge wünscht sich der Kunde nach Beendigung des ersten Mesozyklus ein Muskelmassenzuwachs von ungefähr 3,5 Kilogramm verzeichnen zu können. Die Fortschritte des Muskelmassenzuwachs werden durch regelmäßige Bioimpedanzanalysen dokumentiert. Durch Kraft- und Muskelaufbautraining ist es realistisch, nach drei Monaten eine signifikante Schmerzreduktion zu registrieren (Weishaupt, 1999). Dies kann sich nach subjektiven Empfinden des Kunden, auf einer Skala von eins bis zehn, um eine Reduzierung von bis zu drei Punkten auswirken. Der Kunde möchte sich auf sein Ziel der Fettreduktion zu Beginn nicht besonders fokussieren, infolgedessen wird dies als langfristiges Ziel gewertet. Die Fettreduktion wird beim Kraftausdauertraining durch einen zusätzlichen Ernährungsplan aufgegriffen. Bei dem Muskelaufbautraining wird zusätzlich der Stoffwechsel angeregt und der Grundumsatz steigt, wodurch aktiv Körperfett verbrannt wird (Tschirner 2011, S. 13). Demzufolge kann eine Fettreduktion um sechs Kilogramm in insgesamt sechs Monaten realistisch werden.

3 Teilaufgabe 3 - Trainingsplanung Makrozyklus

3.1 Darstellung des Makrozyklus

In folgender Tabelle wird ein Makrozyklus dargestellt. Der Makrozyklus spezialisiert sich auf drei Mesozyklen, die jeweils eine Dauer von acht Wochen aufweisen.

Tab. 7 Makrozyklusplanung für sechs Monate (eigene Darstellung)

		Mesozyklus I		Mesozyklus II		Mesozyklus III
Dauer		8 Wochen		8 Wochen		8 Wochen
Trainingsmethodik		Muskelaufbau-training		Kraftausdauer-training		Muskelaufbautraining
Organisationsform		Ganzkörpertraining		Ganzkörpertraining		Ganzkörpertraining
Häufigkeit		3x Woche		3x Woche		3x Woche
Übungen pro Muskelgruppe		2		2		2
Sätze		3		2		3
Intensität (Last in % des 12er Maximums)		60-80%		50-70%		70-90%
Wiederholungen		8-12		20-25		8-12
Belastungsdauer		20-50sek.		50-120sek.		20-50sek.
Satzpause		120sek.		60sek.		120sek.
Bewegungstempo		zügig		zügig		zügig

(In den schmalen Zwischenspalten jeweils vertikal: "Krafttestung anhand des X-RM-Test")

3.2 Begründung der Wahl der übergeordneten Trainingsmethode

„Die Optimierung der Muskelfunktion (Koordination und Kraft) sowie die gezielte Stoffwechselsteigerung im Beschwerdebereich, die durch ein Krafttraining bewirkt werden, sind therapeutisch relevant, physiologische Komponenten einer erfolgreichen Therapie" (Pauls, 2015, S.33). Daraus resultiert, dass eine Kombination von Muskelaufbau- und Kraftausdauertraining eine optimale Wirkung auf die Ziele der Schmerzreduktion, des Muskelaufbaus und der Fettreduktion beim Kunden hat.

Der Kunde hat schon Erfahrung im Kraftsport und wird als fortgeschritten eingestuft. Der Einstieg mit Muskelaufbautraining ist somit realisierbar. Da der Schwerpunkt auf Schmerzreduktion und Muskelaufbau liegt, wird mit einem sanften Muskelaufbautraining mit geringerer Intensität begonnen. Die Intensität wird gering gewählt, um ein Verschlechtern der Schmerzen durch hohe Belastung auszuschließen. Nach acht Wochen Muskelaufbautraining folgen acht Wochen Kraftausdauertraining.

Das Kraftausdauertraining verbessert die Nährstoff- und Sauerstoffversorgung der Muskulatur, wodurch die Regenerationszeit nach dem Training verkürzt wird (Tschirner, 2011, S. 50). Infolge der Verbesserungen stellt sich der nächste Mesozyklus und der Muskelaufbau effektiver dar.

Im Anschluss daran folgt ein intensiveres Muskelaufbautraining. Dieses Training soll die bereits vorhandene Muskelmasse deutlich erhöhen, welches in Bezug auf die bis dahin deutlich reduzierten Schmerzen präventiv wirken soll. Die Wirbelsäule wird nun deutlich stärker muskulär gestützt, was der Haltungsschwäche entgegenwirkt und diese verbessert.

3.3 Begründung der Belastungsparameter

„Unter Berücksichtigung von Aufwand und Erfolg ist für Nicht-Leistungssportler ein zweimaliges Training in der Woche optimal." (Boeckh-Behrens & Buskies, 2011, S.27). Für den Kunden wären demzufolge zwei Trainingstage in der Woche ausreichend, um seine Ziele zu erreichen. Boeckh-Behrens und Buskies (2011) führen außerdem an, dass ein dritter Trainingstag in der Woche bessere Ergebnisse erzielt (S.27). Das junge Alter, die zur Verfügung stehende Zeit und die bereits gesammelten Fitnesserfahrung des Kunden ermöglichen eine Trainingswoche mit drei Tagen. Daraus resultiert keine beeinträchtigende Wirkung auf die Gesundheit.

Es wird auf ein Mehrsatztraining gesetzt, um die Leistung des Kunden optimal zu verbessern, durch einen größeren Trainingsumfang mehr Energie umzusetzen und damit zeitgleich dem Trainingsziel Körperfettreduktion zu entsprechen (Boeckh-Behrens & Buskies, 2011, S.26). Das Muskelaufbautraining besteht aus drei Sätzen pro Übung, welches nach den Autoren am Beispiel des breiten Rückenmuskels und der Übung Lat-Ziehen einen Kraftzuwachs von 30% mehr als beim Einsatztraining verzeichnet (Boeckh-Behrens & Buskies, 2011, S.25).

Im ersten Mesozyklus entspricht die Intensität zu Beginn 60% der Last des Maximums, die in dem 12-RM-Test getestet wurde. Die Intensität wird in regelmäßigen Abständen auf bis zuletzt 80% der Last des Maximums des 12-RM gesteigert.

Die Intensität fällt zu Beginn schwächer aus, damit sich der Bewegungsapparat an die Belastungen gewöhnen kann und das Ziel der Schmerzreduktion berücksichtigt wird. Da die Schmerzen schonend reduziert und die umgebende Muskulatur langsam aufgebaut werden sollen, ist eine Überbelastung durch zu hohe Intensitäten in diesem Mesozyklus fatal. „Die Kraftausdauer entspricht der Widerstandfähigkeit der Muskulatur gegen die

Ermüdung bei langen Kraftleistungen, sprich bei hohen Wiederholungszahlen" (Tschirner, 2011, S. 50). Dabei empfiehlt Tschirner (2011) das Ausführen von 20-25 Wiederholungen in ein bis zwei Sätzen mit jeweils ein bis zwei Minuten Pause zwischen den Sätzen (Tschirner, 2011, S. 50). Demzufolge wird die Intensität auf 50-70% der Last des 12er Maximums festgesetzt.

In Berücksichtigung der Leistungsparameter und der Trainingserfahrung des Kunden, wird eine Satzanzahl von zwei Trainingssätzen pro Übung geplant. Zusätzlich werden die Belastungsparameter der Wiederholungen und der Pausenzeit aus dieser Aussage übernommen. Im dritten Mesozyklus wird die Intensität auf 70-90% der Last des 12er Maximums erhöht, um den Kraftzuwachs weiter zu fördern und neue Reize für das Muskelwachstum zu setzen. Nach Tschirner (2011) ist diese allmähliche Belastungssteigerung in den einzelnen Mesozyklen notwendig, um ein kontinuierliches Muskelwachstum zu erzielen. Dies erfolgt durch eine regelmäßige Erhöhung der Leistungsgrenze (Tschirner, 2011, S.44).

3.4 Begründung der Organisationsform

Um ein effektives Training zu gestalten, wird als Organisationsform ein Ganzkörpertraining vorgesehen. In dieser Form des Trainings trainiert der Kunde jeden Trainingstag alle Hauptmuskelgruppen. Durch ein Ganzkörpertraining werden so regelmäßig in allen Hauptmuskelgruppen Trainingsreize gesetzt, womit ein stätiger Leistungsanstieg und eine Zielerreichung vorausgesetzt werden kann. Das Ganzkörpertraining kann die Zeitlichen Vorgaben des Kunden optimal füllen, weswegen auf Grund der drei Trainingstage in der Woche von einem Splittrainig abgesehen wird. In einem Splittraining besteht die Gefahr durch eine Nichteinhaltung der vorgegebenen Trainingstage, zu späte oder gar keine Trainingsreize zu setzten. Außerdem besteht ein Splittraining aus mehr Trainingstagen, welche die Regenerationszeiten verkürzen. Durch eine Verkürzung der Regenerationszeiten kann eine Schmerzreduktion nicht mehr gewehrleistet werden. Die Folge wäre eine Leistungsstagnation, was zu weniger Motivation und zur nicht Erreichung der vorgenommenen Ziele führt.

3.5 Begründung der Periodisierung

Zur Makrozyklusplanung wurde eine abgewandelte lineare Blockperiodisierung herangezogen. In dieser wird zu jedem Mesozyklus die Trainingsmethode alterniert. Dies lässt
sich auf die Empfehlung nicht länger als vier bis sechs Wochen in einem bestimmten
Schwerpunktbereich zu trainieren stützen. Bei der Auswahl dieser Periodisierung lässt
sich eine Bildung von Anpassungseffekten beim Trainierenden ausschließen (Tschirner,
2011, S. 49). Das Muskelaufbautraining soll für den nötigen Muskelaufbau sorgen, der
für die gewünschte Schmerzreduktion ausschlaggebend ist. Das Folgende Kraftausdauertraining wird herangezogen, um das Ziel der Fettmassenreduktion zu verfolgen, aber auch
um die Nährstoff- und Sauerstoffversorgung der Muskulatur zu verbessern. (Tschirner,
2011, S. 13).

4 Teilaufgabe 4 - Trainingsplanung Mesozyklus

4.1 Darstellung des Mesozyklus

Nachfolgend zeigt Tabelle 8 den ersten Mesozyklus.

Tab. 8 Mesozyklus I (eigene Darstellung)

Dauer	8 Wochen
Trainingsmethodik	Muskelaufbau
Organisationsform	Ganzkörpertraining
Häufigkeit	3-mal wöchentlich
Übungen pro Muskelgruppe	2
Sätze	3
Intensität (Last in % des 12er Maximums)	60-85%
Wiederholungen	8-12
Belastungsdauer	20-50sek.
Satzpause	90sek.
Bewegungstempo	2/0/2

Die Nächste Tabelle zeigt den Trainingsplan mit den ausgewählten Übungen für den ersten Mesozyklus.

Tab. 9 Übersichtliche Übungsauswahl Mesozyklus I (eigene Darstellung)

Nr.	Übungen
1	Kniebeuge (Langhantel mit Schulterauflage)
2	Kabelziehen über Kreuz (Kabelzug)
3	Kreuzheben (Langhantel)
4	Rudern sitzend (Kabelzug)
5	Adduktion
6	Abduktion
7	Hip Thrust (Langhantel)
8	Funktionscrunch
9	Hyperextension

4.2 Das Aufwärmen

Jede Trainingseinheit wird mit einem Aufwärmen (Warm-up) begonnen. Aufwärmen ist ein wichtiger Aspekt, um eine optimale psychische und physische Verfassung vor einer sportlichen Beanspruchung zu erzeugen. Durch ein allgemeines Aufwärmen wird die Körpertemperatur erhöht, das Herz-Kreislauf-System mobilisiert, Verletzungen prophylaktisch vorgebeugt und eine psychische Einstimmung auf eine sportliche Belastung gewährleitet. Das Aufwärmen besteht aus einer zwölf minütigen Laufeinheit auf dem Laufband bei einer Intensität von 35-50% Hf_{max}. (Tschirner, 2011, S.63). Auf ein allgemeines Aufwärmen folgt ein spezielles Aufwärmen, welches die lokalen Muskelgruppen und Gelenkstrukturen auf die folgenden Belastungen vorberietet. Beim speziellen Aufwärmen wird vor jeder Übung ein Satz ausgeführt, bei dem die Intensität von 50% des Trainingsgewichts nicht überschreiten werden.

4.3 Der Hauptteil - Begründung der Übungsauswahl

Es wurden hauptsächlich komplexe Übungen mit hoher Muskelaktivierung, die zu einer Stabilisation der Wirbelsäule und des Beckens beitragen, gewählt. Diese Übungen sind wichtige Bestandteile einer effektiven Schmerzreduktion bei Rückenbeschwerden. (Boeckh-Behrens & Buskies, 2011, S.30)

4.3.1   Kniebeuge (Langhantel mit Schulterauflage)

Die Kniebeuge stellt zu Beginn eine komplexe Mehrgelenksübung dar, die eine Vielzahl von Muskeln trainiert und sich auf das Herz-Kreislauf-System auswirkt (Delavier, 2009, S.126). Mit dieser Übung werden hauptsächlich der M. quadriceps femoris, der M. gluteus medius und der M. gluteus maximus trainiert. Außerdem werden durch ihre Komplexität zusätzlichen viele weitere Muskeln intensiv mit beansprucht (Buskies & Boeckh-Behrens, 2009, S.106).

4.3.2   Kabelziehen über Kreuz (Kabelzug)

Das Kabelziehen über Kreuz ist eine der intensivsten und effektivsten Übungen für den großen Brustmuskel (M. pectoralis major) (Buskies & Boeckh-Behrens, 2009, S.122). Bei dieser Übung werden die anatomischen Funktionen des großen Brustmuskels optimal ausgeschöpft, welches zu einem guten Trainingsreiz führt. Ein Training der Brustmuskulatur wurde ausgewählt, um ein Ganzkörpertraining einheitlich zu gestalten.

4.3.3   Kreuzheben (Langhantel)

Kreuzheben ist eine wirksame Stabilisierungsübung des Rückenstreckers (M. erector spinae), welche durch ihre Komplexität und Beanspruchung mehrerer Gelenke viele weitere Stabilisationsmuskeln intensiv mit trainiert (Buskies & Boeckh-Behrens, 2009, S.106). Diese Übung wurde gewählt um gezielt den Rückenstrecker des Kunden zu kräftigen. Ein gekräftigter Rückenstrecker kann der Haltungsschwäche und den Rückenschmerzen entgegenwirken.

4.3.4   Rudern sitzend (Kabelzug)

Ruderübungen sind sehr effektiv, um den M. latissimus dorsi zu trainieren (Buskies & Boeckh-Behrens, 2011, S.106). Durch diese Übung wird eine bessere Körperhaltung prognostiziert, welche zu eine entlastenden Haltung der Wirbelsäule führt.

4.3.5 Adduktion (Gerät)

Die Adduktion ist eine wichtige Übung zur Stabilisation des Beckens (Buskies & Boeckh-Behrens, 2019, S.154). Die Stabilisation des Beckens soll aktiv bei der Reduzierung der Rückenschmerzen des Kunden helfen. Durch ein stabilisiertes Becken werden Belastungen der Wirbelsäule aktiv in die unteren Extremitäten geleitet.

4.3.6 Abduktion (Gerät)

Eine Abduktionsübung ist zur Förderung der Stabilisation des Beckens beim Gehen und Laufen vorgesehen (Buskies & Boeckh-Behrens, 2019, S.158). Durch Förderung der Stabilisation im Becken wird die Wirbelsäule bei besagten Bewegungen entlastet, wodurch die Rückenschmerzen reduziert werden.

4.3.7 Funktionscrunch

Eine Übung, um die Bauchmuskulatur zu trainieren, ist ein wichtiger Bestandteil der Stabilisation und Ausrichtung in der Hüft-Becken-Region. Somit ist Bauchmuskeltraining optimal, um Rückenbeschwerden zu behandeln und vorzubeugen (Buskies & Boeckh-Behrens, 2019, S.158). Es wird explizit der Funktionscrunch als Übung ausgewählt, weil das Becken fixiert auf den Boden gedrückt wird und die Aufrichtungsbewegung größtenteils aus der Bauchmuskulatur kommt.

4.3.8 Hyperextension

Hyperextension ist eine effektive Übung, um die untere Rückenmuskulatur zu kräftigen (Buskies & Boeckh-Behrens, 2019, S.). Diese Übung wurde gewählt, da man diese intensitätstechnisch in kleinen Schritten steigern kann. Außerdem ist der Bereich der unteren Rückenmuskulatur der Hauptbeschwerdebereich für Rückenschmerzen, durch Kräftigung können diese reduziert werden (Buskies & Boeckh-Behrens, 2019, S.51)

4.4 Das Abwärmen (Cool-Down)

Durch ein Abwärmen werden mittels geringer Intensität Stoffwechselendprodukte abgebaut und die geleerten Energiespeicher wieder aufgefüllt (Tschirner, 2011, S. 66). Das Abwärmen besteht aus einer zehn minütigen Laufeinheit auf dem Laufband bei einer Intensität von 40-55 % Hf_{max}. Somit wird durch eine kurze Herz-Kreislauf-Belastung nach einer Trainingseinheit eine Trainingsanpassung eingeleitet. Demzufolge wird die Trainingseinheit erfolgreich abgerundet und der Kunde kann sich schneller und vollständiger erholen, welches bei der nächsten Trainingseinheit zu mehr Energie führt (Tschirner, 2011, S. 66).

5 Teilaufgabe 5 – Literaturrecherche

5.1 Studie 1

Die Nachfolgende Tabelle beinhaltet eine Auswertung der Studie „Effekte maschinengestützten Krafttrainings in der Behandlung chronischen Rückenschmerzes"

Tab. 10 Auswertung der Studie "Effekte maschinengestützten Krafttrainings in der Behandlung chronischen Rückenschmerzes" (eigene Darstellung)

Titel	Effekte maschinengestützten Krafttrainings in der Behandlung chronischen Rückenschmerzes
Autor(en) der Studie	Stephan A., Goebel S., Schmidtbleicher D.
Jahr der Publizierung	2011
Versuchspersonen	96 Teilnehmer mit Einschlusskriterien in 65 Einrichtungen › Aus Kontrollgruppe: 16 Teilnehmer in 16 Einrichtungen › Aus Trainingsgruppe: 80 Teilnehmer in 57 Einrichtungen
Versuchsaufbau	Sechs Monate lang absolvierte die Trainingsgruppe ein progressives Hypertrophie-orientiertes Krafttraining an Trainingsmaschinen mit variierenden Widerständen. Die ersten drei Trainingseinheiten wurden von Fachpersonal begleitet. Bei der 10. und 20. Trainingseinheit erfolgte eine individuelle Trainingskontrollen. Der Kontrollgruppe wurden keine Trainingsmaßnahmen zu Verfügung gestellt. Das Messverfahren bestand aus zwei Schmerzskalen und einer Maximalkraftmessung der Lumbalextensoren (Stephan, 2011, S. 70).
Ergebnisse und Schlussfolgerungen	Nach Beendigung der Untersuchung gaben 20 Personen der Trainingsgruppe an schmerzfrei zu sein, in der Kontrollgruppe waren es 6 Personen. Das Ergebnis wurde nicht von einer medizinischen Behandlung der Personen beeinträchtigt. (Stephan, 2011, S. 71).

5.2 Studie 2

Nachfolgend zeigt Tabelle 11 eine Auswertung der Studie „Krafttraining bei chronischen lumbalen Rückenschmerzen. Ergebnisse einer Längsschnittstudie"

Tab. 11 Auswertung der Studie "Krafttraining bei chronischen lumbalen Rückenschmerzen. Ergebnisse einer Längsschnittstudie" (eigene Darstellung)

Titel	Krafttraining bei chronischen lumbalen Rückenschmerzen. Ergebnisse einer Längsschnittstudie
Autor(en) der Studie	Goebel S., Stephan A., Freiwald J.
Jahr der Publizierung	2005
Versuchspersonen	Die Untersuchung begann mit 128 chronischen Rückenschmerzpatienten bei der erster Befragung (T_0). Die Patienten reduzierten sich durch mangelnde Compliance und/oder Nicht-Erreichbarkeit. Bei der zweiten Befragung waren es 102 chronischen Rückenschmerzpatienten (T_2).
Versuchsaufbau	Der Beobachtungszeitraum (T_0-T_2) erstreckte sich bei der Kontrollgruppe auf ungefähr 14 Monate und bei der Trainingsgruppe auf ungefähr 18 Monate. Die Kontrollgruppe bestand aus Patienten eines Betriebsärztlichen Zentrums und aus vier orthopädischen Arztpraxen, die eine ärztlichen und physiotherapeutischen Behandlungen bekamen und nicht an einem speziellen Krafttraining teilnahmen. Bei der Trainingsgruppe wurden zwölf Behandlungeinheiten der Medizinischen Kräftigungstherapie absolviert (Goebel, 2005, S. 389).
Ergebnisse und Schlussfolgerungen	Aus der Kontrollgruppe äußerten 55% das ihr Gesundheitszustand gleich geblieben ist, 21% das es sich verbessert hat und 24% das es sich verschlechtert hat. Bei der Trainingsgruppe fühlten sich 20% nach der Untersuchung gesundheitlich viel besser, 33% etwas besser, 37% etwa gleich und 9% fühlten sich schlechter (Goebel, 2005, S. 390).

6   Literaturverzeichnis

Boeckh-Behrens, W.-U. & Buskies, W. (2016). *Super-Muskeltraining. Schultern, Arme, Brust, Beine und Po*. Schermbeck: WWHS Verlag GmbH - Inline Verlag.

Boeckh-Behrens, W.-U., Buskies, W. & Beier, P. (2011). *Supertrainer Rücken. Die effektivsten Übungen, schonende Programme, wissenschaftlich getestet* (Genehmigte Lizenzausg., 5. Aufl.). Hamburg: Nikol-Verl.

Buskies, W. & Boeckh-Behrens, W.-U. (2014). *Fitness-Gesundheits-Training. Die besten Übungen und Programme für das ganze Leben* (rororo Sport, Bd. 61084, 3. Auflage). Reinbek bei Hamburg: Rowohlt Taschenbuch Verlag.

Delavier, F. (2016). *Der neue Muskel Guide. Gezieltes Krafttraining Anatomie* (15. Auflage). München: BLV Buchverlag.

Fröhlich, M. (2003). *Eine empirische Studie zur Methodik des Kraftausdauertrainings*. Zugriff am 14.05.2020. Verfügbar unter https://doi.org/10.22028/D291-23313

Goebel, S., Stephan A. & Freiwald, J. (German Journal of Sports Medicine, Hrsg.). (2005). *Krafttraining bei chronischen lumbalen Rückenschmerzen.Ergebnisse einer Längsschnittstudie*. Zugriff am 14.05.2020. Verfügbar unter https://www.german-journalsportsmedicine.com/fileadmin/content/archiv2005/heft11/388-392.pdf

McLester, J. R. JR., Bishop, E. & Gulliams, M. E. (2000). Comparison of 1 Day and 3 Days Per Week of Equal-Volume Resistance Training in Experienced Subjects. *The Journal of Strength & Conditioning Research, 14(3)*, 273–281.

Pauls, J. (2015). *Das große Buch vom Krafttraining*. München: Stiebner Verlag.

Stephan, A., Goebel, S. & Schmidtbleicher, D. (2010). Effekte maschinengestützten Krafttrainings in der Behandlung chronischen Rückenschmerzes. *Deutsche Zeitschrift für Sportmedizin, 62*(3), 69-74.

Tschirner, T. (2011). *Das Muskel-Manual. Der ultimative Trainings-Guide* (6. Aufl., genehmigte Lizenzausg). Hamburg: Nikol.

Weishaupt, P., M. A. (RFZ Regensburg, Hrsg.). (1999). *Krafttraining - effiziente Behandlung bei chronischen Rückenschmerzen - eine Einzelfallstudie*. Zugriff am 14.05.2020. Verfügbar unter http://www.rfz-regensburg.de/media/download_gallery/publikationen/1999%20Krafttraining%20effiziente%20Behandlung%20Physikal.%20Therapie%202(1999).pdf

Williams, B., Mancia, G., Spiering, W., Agabiti Rosei, E., Azizi, M., Burnier, M. et al. (2018). 2018 ESC/ESH Guidelines for the management of arterial hypertension: The Task Force for the management of arterial hypertension of the European Society of Cardiology (ESC) and the European Society of Hypertension (ESH). *European Heart Journal, 39*(33), 3021–3104.

Zimmer, M. (1999). *Entwicklung und Erprobung eines Mehrwiederholungstests zur Erfassung der Kraftleistung im Fitneß-Training*. Unveröffentlichte Diplomarbeit. Universität des Saarlandes, Saarbrücken. Zugriff am 14.05.2020. Verfügbar unter https://www.iat.uni-leipzig.de/datenbanken/iks/ta/Record/4005869

7 Tabellenverzeichnis

Tab. 1: Allgemeine Daten der Testperson (eigene Darstellung)

Tab. 2: Biometrische Daten der Testperson (eigene Darstellung)

Tab. 3: Classification of office blood pressure and definitions of hypertension grade (modifiziert nach European Society of Cardiology, 2018, S. 3030)

Tab. 4: Methodischer Ablauf eines Mehrwiederholungskrafttests zur Ermittlung des 12-RM (Testablaufschema nach Zimmer, 1999, S. 45-47)

Tab. 5 Testergebnisse des 12-RM-Tests des Kunden (eigene Darstellung)

Tab. 6 Zielsetzung des Kunden und Prognose der Zielerreichung (eigene Darstellung)

Tab. 7 Makrozyklusplanung für sechs Monate (eigene Darstellung)

Tab. 8 Mesozyklus I (eigene Darstellung)

Tab. 9 Übersichtliche Übungsauswahl Mesozyklus I (eigene Darstellung)

Tab. 10 Auswertung der Studie "Effekte maschinengestützten Krafttrainings in der Behandlung chronischen Rückenschmerzens" (eigene Darstellung)

Tab. 11 Auswertung der Studie "Die Trainierbarkeit der Rumpf-, Nacken- und Halsmuskulatur von dekonditionierten Rückenschmerzpatienten" (eigene Darstellung)